Finanzas Personales Para Mujeres

Ricardo Moreno

Página de Derechos de Autor

Editora: Flamenco
Año de Lanzamiento 2025

Indice

El Poder Femenino en las Finanzas

Durante mucho tiempo se ha dicho que las finanzas son un tema de hombres. Las imágenes que vemos en las películas, en las revistas de negocios o incluso en las redes sociales suelen mostrar a hombres en trajes, tomando decisiones de millones y hablando de inversiones como si fuera parte de su ADN. Pero esta es solo una historia mal contada. La verdad es que las mujeres tienen un poder natural para manejar el dinero que muchas veces se subestima o incluso se ignora. Y ese poder, bien utilizado, puede transformar completamente su vida financiera, sin necesidad de tener un gran salario ni nacer en cuna de oro.

Las mujeres tienen una capacidad innata para planificar, organizar y pensar en el largo plazo. Estas tres habilidades, aunque parecen simples, son los pilares de una buena gestión financiera. Mientras que muchos toman decisiones impulsivas con el dinero, las mujeres suelen detenerse, analizar y buscar una opción más segura y sostenible. Esto no quiere decir que no arriesguen, sino que saben cuándo hacerlo y cómo hacerlo con inteligencia. Esa prudencia, combinada con su capacidad de adaptación, es una fórmula ganadora.

Otra gran ventaja que tienen las mujeres es su capacidad para cuidar de los demás. Puede parecer que esto no tiene relación directa con las finanzas, pero sí la tiene. Cuidar implica planificar, anticiparse, prever escenarios y tomar decisiones con responsabilidad. Una madre, por ejemplo, aprende a estirar el dinero, a priorizar lo importante, a encontrar soluciones creativas cuando los recursos no alcanzan. Esa habilidad de hacer mucho con poco es precisamente lo que se necesita para comenzar a construir riqueza desde cero.

Además, las mujeres tienden a ser más disciplinadas con sus objetivos. Cuando una mujer se propone salir de deudas, ahorrar o invertir, lo hace con un compromiso real. No busca impresionar a nadie ni competir con nadie. Busca tranquilidad, seguridad y un mejor futuro para ella y para quienes ama. Esa motivación profunda es lo que la mantiene enfocada y firme, incluso cuando las cosas se ponen difíciles. En el mundo financiero, esa constancia vale más que cualquier ingreso alto.

Pero hay algo aún más importante: las mujeres ya han demostrado, una y otra vez, que pueden lograr cosas extraordinarias cuando se lo proponen. Lo han hecho en el hogar, en los negocios, en la educación de sus hijos, en sus carreras. ¿Por qué no habrían de hacerlo también en sus finanzas? El problema no es la falta de capacidad, sino la falta de confianza. Muchas crecieron con la idea de que el dinero era cosa de hombres, que hablar de números no era elegante, o que no necesitaban aprender sobre eso si tenían a alguien que se encargara. Es hora de romper con todas esas creencias.

Hoy, las mujeres tienen más herramientas que nunca para tomar el control de su economía personal. Hay libros, cursos, comunidades, aplicaciones, redes de apoyo. La información está al alcance de la mano. Y lo más importante: ya no necesitan pedir permiso para usarla. Pueden y deben ser las protagonistas de su propia historia financiera. No importa si nunca antes ahorraron, si tienen deudas o si ganan poco. Lo importante es empezar. Empezar con lo que tienen, desde donde están, con la certeza de que pueden aprender, crecer y prosperar.

Crear riqueza no es solo para aquellas que trabajan en la bolsa o tienen su propio negocio. Crear riqueza es para todas: para la que trabaja en una oficina, para la que emprende desde casa, para la que cuida de sus hijos a tiempo completo, para la estudiante, para la jubilada. Cada mujer, sin importar su edad, puede tomar decisiones que le acerquen a una vida financiera más libre. Y no se trata solo de acumular dinero. Se trata de tener opciones, de vivir con menos preocupaciones, de poder decir “no” cuando algo no le conviene, y “sí” cuando algo la ilusiona.

El poder femenino en las finanzas no es una moda, es una realidad que está creciendo día a día. Las mujeres están invirtiendo, emprendiendo, liderando proyectos, administrando hogares, generando ingresos, educando a otras. Están aprendiendo que su relación con el dinero no tiene que estar marcada por el miedo o la dependencia. Están descubriendo que pueden construir algo sólido, estable y duradero para ellas y para las generaciones que vienen detrás.

El cambio no ocurre de la noche a la mañana. Pero cada decisión cuenta. Cada peso ahorrado, cada gasto evitado, cada inversión hecha con inteligencia, es un paso más hacia la libertad. Y la libertad financiera es, en el fondo, libertad de vida. Poder elegir, poder decidir, poder vivir con tranquilidad. Eso es lo que está en juego.

Este libro no pretende enseñarte a volverte millonaria de la noche a la mañana, ni prometerte fórmulas mágicas. Pero sí quiere recordarte algo fundamental: tú ya tienes lo que necesitas para empezar. Tienes inteligencia, intuición, fuerza, y un motivo. Todo lo demás se puede aprender. No necesitas cambiar quién eres. Solo necesitas empezar a usar ese poder que siempre ha estado dentro de ti. Y una vez que lo hagas, no habrá vuelta atrás. Porque una mujer empoderada financieramente es una mujer que nunca vuelve a sentirse pequeña. Es una mujer que sabe que su valor no depende de cuánto gana, sino de lo que decide hacer con lo que tiene. Y eso, amiga mía, es el verdadero poder.

Mentalidad de Abundancia

La forma en que piensas sobre el dinero define, más de lo que crees, tu realidad financiera. No se trata de una frase bonita para motivarte. Es una verdad comprobada: tu mente actúa como un filtro, y según lo que crees, es lo que permites que entre o que se quede fuera de tu vida. Si creciste escuchando frases como "el dinero no crece en los árboles", "el dinero cambia a las personas", "mejor pobre pero honrada" o "eso no es para gente como nosotros", es muy probable que esas ideas se hayan instalado en tu cabeza como si fueran leyes. Pero no lo son. Son creencias limitantes, y como su nombre lo dice, te limitan. Te hacen pensar en escasez, en carencia, en miedo. Y eso es lo opuesto a lo que necesitas para construir riqueza.

La mentalidad de abundancia es, en palabras simples, la capacidad de ver oportunidades donde otros solo ven obstáculos. Es creer que hay suficiente para ti, para los tuyos y para los demás. Es dejar de pensar que si otra persona tiene éxito, eso significa que tú no puedes tenerlo. Es soltar esa idea de competencia constante, y empezar a vivir desde la confianza en que tú también puedes lograr lo que deseas, aunque hoy no sepas exactamente cómo.

Cuando piensas en escasez, actúas con miedo. Tomas decisiones desde el "por si acaso", desde la inseguridad, desde la urgencia. Gastas mal, porque crees que mañana no tendrás más. Te conformas con trabajos mal pagados, porque piensas que no hay nada mejor allá afuera. No inviertes en ti misma, porque sientes que sería un lujo innecesario. Te cuesta cobrar lo justo por tu trabajo, porque dudas si realmente lo vales. Todo eso es resultado de una mente que ha sido entrenada para sobrevivir, pero no para prosperar. Y tú no naciste solo para sobrevivir.

La buena noticia es que la mentalidad se puede reprogramar. No importa si llevas años pensando de cierta manera. Puedes empezar a hacer pequeños cambios hoy mismo que, con el tiempo, te llevarán a ver el mundo financiero con otros ojos. El primer paso es cuestionar lo que siempre has creído. ¿De dónde vienen tus ideas sobre el dinero? ¿Quién te enseñó lo que sabes sobre ahorrar, gastar o invertir? ¿Qué escuchabas cuando eras niña? A veces, solo con hacerte esas preguntas ya empiezas a ver cosas que antes no notabas.

El siguiente paso es reemplazar esas creencias por otras que te empoderen. Puedes empezar a repetirte frases nuevas: el dinero es una herramienta que uso con inteligencia. Hay suficientes oportunidades para todos. Estoy aprendiendo a generar riqueza. Tengo todo lo que necesito para prosperar. Al principio tal vez no te lo creas del todo. Es normal. Pero tu mente necesita escuchar algo diferente para empezar a cambiar. Es como sembrar una semilla. No ves el árbol al día siguiente, pero sabes que si sigues regando, algún día va a crecer.

También es importante rodearte de mensajes y personas que refuercen esta nueva manera de pensar. Si pasas el día escuchando que la vida es difícil, que todo está caro, que nadie sale adelante, vas a absorber eso como si fuera tu verdad. Pero si te rodeas de mujeres que están creciendo, que están aprendiendo, que comparten consejos, que celebran sus logros, empiezas a ver que hay otro camino posible. Y eso te motiva a seguir caminando.

La mentalidad de abundancia no tiene nada que ver con ignorar los problemas o fingir que todo es perfecto. No se trata de negar la realidad. Se trata de elegir cómo responder a esa realidad. Una mujer con mentalidad de abundancia no se rinde ante las dificultades. Las enfrenta con creatividad. Busca opciones. Pide ayuda. Aprende algo nuevo. Sabe que el dinero va y viene, pero su valor como persona no depende de eso. Y justamente por tener claro su valor, se convierte en alguien capaz de atraer más.

Algo muy poderoso que puedes empezar a practicar es el agradecimiento. Parece un detalle pequeño, pero transforma tu energía. Agradecer lo que tienes hoy, por poco que sea, te coloca en una frecuencia distinta. Dejas de concentrarte en lo que te falta, y empiezas a ver lo que ya lograste. Desde ahí, construir es mucho más fácil. No es lo mismo decir “no me alcanza para nada” que decir “me estoy organizando para que mi dinero rinda más”. Las palabras importan, y lo que te dices a ti misma cada día, aún más.

Otra práctica clave es la generosidad. Tal vez suene contradictorio, pero dar activa la abundancia. No significa regalar lo que no tienes ni sacrificarte. Significa compartir con conciencia. Tal vez puedas ayudar a alguien con tu tiempo, con tu conocimiento, con una pequeña acción. Cuando das desde un lugar sano, tu mente se convence de que tienes lo suficiente como para compartir. Y si tienes lo suficiente, es porque vives en abundancia. Aunque aún estés en camino hacia tu independencia económica, puedes actuar como alguien que ya cree en ella.

Tener una mentalidad de abundancia también implica tomar decisiones valientes. Invertir en ti misma. Decir que no a gastos innecesarios. Elegir lo que te construye a largo plazo, en lugar de lo que te da placer inmediato. A veces, eso significa incomodarte un poco, salir de tu zona conocida, atreverte a probar algo nuevo. Pero esa incomodidad es la puerta al crecimiento. Es el precio de dejar atrás una vida pequeña para empezar a crear una vida grande.

Finanzas con Propósito

Muchas veces, cuando pensamos en dinero, lo hacemos desde la urgencia. Queremos más dinero para pagar cuentas, salir de deudas, darnos un gusto o simplemente dejar de preocuparnos. Pero muy pocas veces nos detenemos a preguntarnos por qué realmente queremos tener más dinero. ¿Qué hay detrás de ese deseo? ¿Qué tipo de vida estamos tratando de construir? Aquí es donde entra la idea de tener finanzas con propósito. No se trata solo de ahorrar por ahorrar o de ganar más por ganar más. Se trata de usar el dinero como una herramienta para alcanzar una vida que realmente tenga sentido para ti.

El dinero en sí no tiene emoción. No es bueno ni malo. No hace feliz ni infeliz. Lo que importa es lo que haces con él y cómo lo usas para acercarte a lo que de verdad deseas. Por eso, uno de los ejercicios más importantes que puedes hacer en tu camino financiero es sentarte contigo misma y preguntarte: ¿qué quiero que el dinero haga por mí? Tal vez quieras libertad para dejar un trabajo que no disfrutas. Tal vez sueñas con viajar, comprar una casa, ayudar a tu familia, estudiar algo nuevo o emprender un negocio. Cualquiera sea tu objetivo, necesitas tenerlo claro. Porque sin un propósito, el dinero se escapa. Llega y se va, sin dejar rastro.

Cuando tienes un propósito, cada decisión financiera se vuelve más fácil. No se trata de recortar gastos por castigo, sino de hacerlo con conciencia. Por ejemplo, si sabes que tu objetivo es ahorrar para abrir tu cafetería, ya no duele tanto dejar de comprar ese café diario en la esquina. Porque entiendes que estás renunciando a un gusto pequeño para alcanzar un sueño mucho más grande. Así es como se empieza a construir riqueza con sentido: sabiendo que cada peso tiene una dirección, y esa dirección la eliges tú.

El problema es que muchas personas viven en piloto automático. Trabajan, cobran, pagan, gastan, y repiten. No saben en qué se va el dinero porque no tienen un plan. Solo reaccionan ante las urgencias del mes. Pero tú no quieres vivir así. Tú quieres tomar el control, y para hacerlo, necesitas empezar por definir un mapa. Imagina que tu vida es un viaje. El dinero es el vehículo. Pero si no sabes a dónde quieres ir, cualquier camino te parece válido. Y eso es muy peligroso, porque terminas gastando sin intención, ahorrando sin motivación, y tomando decisiones que no te acercan a nada.

Por eso, te invito a que escribas, con toda honestidad, qué tipo de vida quieres tener en cinco, diez o veinte años. No solo en términos de dinero, sino en términos de bienestar. ¿Dónde te gustaría vivir? ¿Cómo sería un día ideal para ti? ¿Trabajando en qué? ¿Con qué horarios? ¿Con qué nivel de libertad? ¿Qué cosas te darían tranquilidad? ¿Qué experiencias te gustaría regalarle a tus hijos o a ti misma? Este ejercicio no es una fantasía. Es una brújula. Y una vez que la tienes, todo empieza a tener más claridad.

A partir de ahí, puedes comenzar a alinear tus decisiones financieras con ese propósito. Si tu meta es tener más tiempo libre, tal vez necesites construir ingresos pasivos. Si tu meta es tener más seguridad, tal vez necesites ahorrar un fondo de emergencia o pagar tus deudas. Si tu meta es dejar un legado, tal vez necesites aprender sobre inversiones o educación financiera para tus hijos. Cada propósito tiene una estrategia distinta. Lo importante es que entiendas que el dinero debe trabajar para ti, no al revés.

Además, cuando tu dinero tiene un propósito, es más fácil mantener la motivación. Porque los resultados no se ven de inmediato. Ahorrar cuesta. Invertir da miedo. Emprender requiere esfuerzo. Pero si cada paso tiene un sentido claro, sigues adelante incluso cuando el camino se pone difícil. Porque sabes que no lo haces por obligación, sino por elección. Y eso te da fuerza.

También es muy útil dividir tus metas en categorías. Puedes tener una meta de corto plazo, como ahorrar para unas vacaciones. Una de mediano plazo, como comprar un auto. Y una de largo plazo, como crear un fondo para tu retiro. Así no te abruma pensar que todo debe lograrse ya. Puedes ir avanzando paso a paso, sin perder de vista lo más importante: tu propósito.

Otra cosa fundamental es aprender a decir no. Cuando no tienes claro tu propósito, es fácil dejarte llevar por lo que otros hacen o dicen. Gastas en cosas que no necesitas, solo para sentirte parte o para no quedar mal. Pero cuando tienes una visión fuerte de lo que quieres, empiezas a proteger tu dinero con más inteligencia. No desde el miedo, sino desde el compromiso contigo misma. Porque entiendes que decirle no a algo hoy, es decirle sí a algo mucho mejor mañana.

Finanzas con propósito también significa que cada peso que entra en tu vida tiene una misión. No se queda flotando. No se gasta sin pensar. Tiene una tarea concreta: ayudarte a vivir mejor, con más calma, más libertad y más sentido. Y eso solo lo logras cuando estás conectada con lo que verdaderamente te importa.

No importa cuánto ganas hoy. Lo que importa es lo que decides hacer con eso. Aún con ingresos modestos, puedes empezar a construir una base sólida si tienes claridad y dirección. Y lo más poderoso de todo es que, cuando empiezas a actuar desde el propósito, las oportunidades se abren. Porque estás más atenta. Porque tomas mejores decisiones. Porque inviertes tu energía en lo que sí vale la pena. Y el dinero, poco a poco, comienza a multiplicarse.

Así que la próxima vez que pienses en dinero, no lo veas como un problema ni como una meta en sí misma. Míralo como un medio. Como una herramienta que puedes usar con inteligencia, con amor y con dirección. Pregúntate para qué lo quieres. Qué tipo de vida estás tratando de construir. Y deja que esa respuesta sea tu guía. Porque cuando el dinero tiene un propósito, se vuelve más poderoso. Y tú también.

Diagnóstico Financiero

Antes de mejorar tus finanzas, necesitas saber exactamente en qué punto estás. Así como una doctora no puede recetarte algo sin primero hacerte un chequeo, tú tampoco puedes tomar decisiones financieras acertadas sin antes hacer un diagnóstico honesto de tu situación actual. Muchas personas no quieren enfrentar este paso porque sienten miedo o vergüenza. Pero si no sabes en qué condiciones está tu dinero, seguirás avanzando a ciegas, tomando decisiones que tal vez te alejan, en lugar de acercarte, a la libertad financiera que deseas. Este capítulo es una invitación a mirarte de frente, sin juicios, con la intención de entender y mejorar.

Lo primero que necesitas hacer es calcular cuánto dinero ganas realmente cada mes. No se trata solo de tu sueldo, sino de todas las entradas de dinero que tengas. Tal vez vendes algo por fuera, das clases, haces trabajos extras, recibes ayuda familiar o tienes rentas. Todo eso cuenta. Suma absolutamente todas las fuentes de ingreso, incluso las que parecen pequeñas. A veces creemos que no ganamos lo suficiente, pero en realidad no tenemos claridad de cuánto está entrando.

Después, viene la parte más reveladora: saber cuánto estás gastando. Aquí muchas personas se sorprenden. Lo ideal es que anotes todos tus gastos de un mes completo. Cada uno. Desde la renta o hipoteca, hasta los cafés, el transporte, los regalos, las compras del supermercado y los gastos hormiga, que son esos pequeños desembolsos diarios que parecen inofensivos, pero al final del mes pesan bastante. Puedes usar una libreta, una hoja de Excel, una app o simplemente tu celular. Lo importante es que seas muy específica.

Una vez que tengas ese registro completo, organiza tus gastos en categorías. Por ejemplo: vivienda, alimentación, transporte, servicios, educación, salud, entretenimiento, deudas y ahorro. Esto te permitirá ver qué porcentaje de tu ingreso estás destinando a cada área. Aquí muchas mujeres descubren que están gastando más de lo que pensaban en cosas que no son tan prioritarias, y muy poco en lo que realmente les daría tranquilidad a largo plazo.

El siguiente paso es calcular tu balance mensual. Es muy simple: a tus ingresos les restas tus gastos. Si el resultado es positivo, significa que estás viviendo por debajo de tus posibilidades, y eso es una buena noticia. Ese excedente es el dinero que podrías usar para ahorrar, invertir o salir de deudas. Si el resultado es cero, estás justo al límite, y necesitas ajustar para evitar cualquier desequilibrio. Y si el resultado es negativo, significa que estás gastando más de lo que ganas, lo cual es una señal de alerta que no puedes ignorar.

Ahora bien, el diagnóstico no termina ahí. También necesitas revisar tus deudas. Haz una lista completa de lo que debes. Incluye el nombre del acreedor, el monto total, la tasa de interés, el pago mensual y el plazo. Muchas veces, las deudas parecen un monstruo gigantesco porque están desordenadas en tu mente. Pero al ponerlas sobre la mesa, puedes empezar a verlas con más objetividad. Pregúntate cuál es la deuda más urgente, cuál tiene la tasa de interés más alta, cuál podrías pagar más rápido. Esta claridad te ayudará a diseñar un plan para salir del endeudamiento sin ahogarte.

Otro punto clave del diagnóstico es tu nivel de ahorro. Pregúntate: ¿cuánto dinero tengo guardado? ¿Tengo un fondo de emergencia? ¿En qué cuenta está ese dinero? ¿Es de fácil acceso? Un fondo de emergencia ideal cubre entre tres y seis meses de tus gastos básicos. Si no lo tienes aún, no te culpes. La mayoría de las personas no lo tienen. Pero es hora de empezar a construirlo, poco a poco, como una red de seguridad para tu tranquilidad.

También es momento de revisar tus hábitos financieros. ¿Eres impulsiva al gastar? ¿Te cuesta decir no a ciertas compras? ¿Tienes miedo de revisar tu cuenta bancaria? ¿Sueles prestar dinero que nunca recuperas? ¿Te cuesta hablar de dinero con tu pareja o familia? Estas preguntas pueden incomodar, pero son necesarias. Tus hábitos determinan tus resultados. Y para cambiar tus resultados, necesitas primero cambiar tus hábitos.

Un buen diagnóstico financiero también incluye revisar si estás generando ingresos de forma sostenible. ¿Tu fuente principal de ingreso depende solo de tu tiempo y esfuerzo? ¿Qué pasaría si dejaras de trabajar por un mes? ¿Tienes otras formas de ingreso que funcionen sin que estés presente todo el tiempo? Estas preguntas te abren los ojos a la necesidad de diversificar tus fuentes de ingreso para tener más estabilidad.

Otra parte importante es analizar tu relación emocional con el dinero. ¿Qué sientes cuando piensas en dinero? ¿Culpa, ansiedad, enojo, confusión? Muchas veces, los bloqueos financieros vienen más de lo emocional que de lo matemático. Si asocias el dinero con problemas o traumas, es posible que sin darte cuenta estés saboteando tus propios avances. Reconocer estas emociones es el primer paso para sanarlas.

Una vez hecho el diagnóstico, no te castigues por lo que encuentres. No se trata de culparte, sino de tomar conciencia. Este proceso es como encender la luz en una habitación desordenada. Puede que al principio no te guste lo que ves, pero ahora sabes por dónde empezar a ordenar. Lo que antes era confuso ahora empieza a tener forma. Y eso, aunque parezca pequeño, es un acto de poder.

Repite este diagnóstico cada cierto tiempo. Al menos una vez cada tres meses. Porque tus finanzas no son estáticas. Cambian, evolucionan, y necesitan tu atención constante. Con el tiempo, este hábito se vuelve tan natural como ir al médico para un chequeo o hacer mantenimiento a tu auto. Es parte del cuidado de tu vida.

En resumen, el diagnóstico financiero es el punto de partida. Es como mirar el mapa antes de iniciar un viaje. No puedes avanzar si no sabes dónde estás. Y ahora, después de hacer este ejercicio, tienes algo que muchas personas no tienen: claridad. Y la claridad es poder. A partir de aquí, cada decisión que tomes será más consciente, más informada y más alineada con la vida que quieres construir. Porque ya no estás actuando desde la confusión, sino desde la comprensión. Y eso cambia todo.

Presupuesto con Perspectiva Femenina

Hablar de presupuesto puede sonar aburrido, como si estuviéramos hablando de planillas, reglas y restricciones. Pero la verdad es que hacer un presupuesto no se trata de limitarte, sino de liberarte. Es tener el control de tu dinero para que puedas tomar mejores decisiones, sin vivir con miedo a que algo se te salga de las manos. Y cuando lo haces desde una perspectiva femenina, las cosas se ven diferentes. Porque las mujeres no solo manejamos números, también manejamos emociones, prioridades familiares, imprevistos, cuidados, metas personales y una capacidad natural de ver el panorama completo.

Un presupuesto con perspectiva femenina entiende que tus gastos no son iguales a los de un hombre promedio. No es solo cuestión de pagar cuentas. También hay gastos relacionados con el autocuidado, con la crianza, con la salud femenina, con la estética, con la formación personal y profesional, con el hogar, con la familia extendida y muchas veces también con ayudar a otros. Las mujeres solemos ocuparnos no solo de nuestras propias finanzas, sino también de las de quienes nos rodean. Por eso, el presupuesto no puede ser una fórmula rígida. Tiene que ser una herramienta flexible, viva y adaptada a tu realidad.

El primer paso para hacer un buen presupuesto es tener muy claro cuánto dinero entra cada mes. Ya sea que tengas un sueldo fijo, ingresos variables, o una mezcla de ambos, es fundamental que sepas cuál es tu promedio mensual. Si tus ingresos cambian, toma como base un promedio de los últimos tres o seis meses. Y si tienes temporadas altas y bajas, lo ideal es que seas conservadora al calcular. Es mejor subestimar tus ingresos que sobreestimarlos.

Luego, haz una lista de todos tus gastos. Y cuando digo todos, me refiero a todos: renta, luz, agua, comida, transporte, colegio, salud, tarjetas, entretenimiento, ropa, belleza, suscripciones, préstamos, mascotas, regalos, ayudas, ahorro y cualquier otro gasto que sea parte de tu vida. Aquí no hay lugar para la vergüenza. Esto no se trata de juzgarte, sino de entender cómo se mueve tu dinero.

Solo con esa información puedes tomar decisiones inteligentes.

Una vez que tienes tus ingresos y tus gastos sobre la mesa, es momento de organizarlos. Puedes usar una libreta, una hoja de Excel, una aplicación móvil o el método que más te guste. Lo importante es que puedas ver claramente en qué se va tu dinero cada mes. Y aquí entra la parte más poderosa del presupuesto con perspectiva femenina: asignar el dinero no solo por categorías, sino por prioridades reales.

No se trata de seguir reglas fijas como "ahorra el 10 %, gasta el 30 % en vivienda", sino de preguntarte: ¿qué es lo más importante para mí en este momento? Tal vez ahora necesitas invertir en tu educación. O quizás estás ahorrando para mudarte, o quieres empezar a pagar tus deudas con más fuerza. Lo que tú priorices es válido, pero debe estar reflejado en tu presupuesto. No puede ser solo un deseo en tu mente, tiene que estar escrito en números.

Algo muy útil es usar el método de porcentajes adaptado a tus metas. Por ejemplo, podrías dividir tu ingreso así: 50 % para gastos fijos y necesarios, 20 % para ahorro e inversión, 20 % para estilo de vida y 10 % para desarrollo personal. Pero si estás en un momento donde necesitas salir de deudas, puedes modificar estos porcentajes. O si estás emprendiendo, tal vez quieras poner más dinero en tu negocio. Lo importante es que el presupuesto se adapte a ti, no tú al presupuesto.

También es fundamental incluir en tu presupuesto los gastos que son frecuentes pero no mensuales. Muchas mujeres se desbalancean cuando llegan esos gastos sorpresivos: el cumpleaños del hijo, la revisión del coche, el seguro anual, los útiles escolares. Pero en realidad, no son tan sorpresivos. Sabemos que vienen, solo que no los planificamos. Por eso, aparta una cantidad mensual para esos gastos anuales o trimestrales. Así no te toman desprevenida.

No olvides reservar una parte para ti. Las mujeres solemos dejar nuestras necesidades al final. Pero eso no es sostenible. Si tú no estás bien, nada funciona bien. Incluye en tu presupuesto algo para tu bienestar: una salida, un masaje, un libro, una sesión de terapia, una clase que te guste. No necesitas gastar mucho. Solo necesitas darte permiso para cuidar de ti.

Y si tienes hijos, sobrinos o personas a tu cargo, usa el presupuesto como una herramienta educativa. Involúcralos. Explícales por qué se elige gastar en una cosa y no en otra. Así, no solo cuidas tus finanzas, también siembras conciencia financiera en las nuevas generaciones.

Una gran ventaja de las mujeres es nuestra capacidad para visualizar a largo plazo. Nos preocupamos por el hoy, pero también por el futuro. Por eso, tu presupuesto debe incluir ahorro para emergencias, para metas y para el retiro. No importa si puedes ahorrar mucho o poco. Lo importante es empezar. Lo ideal es que el ahorro sea automático, como si fuera un gasto más. Porque si lo dejas para el final del mes, difícilmente lo harás.

Revisa tu presupuesto todos los meses. No basta con hacerlo una vez. Las circunstancias cambian: un ingreso extra, un gasto inesperado, una nueva meta. Tu presupuesto debe ser un reflejo vivo de tu realidad. Tómate una hora al mes para revisarlo, ajustarlo y celebrarte por los avances, por pequeños que sean.

Y por último, recuerda que un presupuesto no es una cárcel. Es una brújula. Te ayuda a tomar decisiones con más claridad, a evitar el estrés financiero, y a sentirte más fuerte, más organizada y más libre. No se trata de restringirte, sino de dirigir tu dinero hacia lo que realmente te importa. Y cuando eso pasa, el dinero deja de ser una carga y se convierte en una herramienta poderosa para construir la vida que sueñas.

Ahorro Inteligente

Ahorrar no se trata de guardar lo que te sobra, se trata de decidir que una parte de tu dinero tiene un propósito más grande que el consumo inmediato. Muchas personas piensan que el ahorro es para quienes ganan mucho dinero, pero la verdad es que el ahorro es para quien sabe manejar lo que tiene. No importa cuánto ganes hoy, lo importante es que empieces a construir el hábito de guardar con inteligencia. Porque el ahorro no es solo una acción financiera, también es una declaración de amor propio. Es decirte a ti misma: yo importo, mi futuro importa, y voy a prepararme para lo que venga.

Un ahorro inteligente no se hace con esfuerzo ocasional, sino con estrategia constante. El primer paso es entender que el ahorro no debe ser algo que se hace solo si queda dinero al final del mes. De hecho, si esperas a ver si te sobra, casi nunca vas a ahorrar. Por eso, el ahorro debe estar incluido en tu presupuesto como si fuera una factura más. Así como pagas la luz o el teléfono, debes pagarte a ti misma. Esa cantidad se va directo al ahorro, sin discusión.

¿Cuánto deberías ahorrar? Depende de tus ingresos, tus gastos y tus metas. Pero como punto de partida, intenta guardar al menos el 10 por ciento de lo que ganas. Si puedes más, excelente. Si ahora solo puedes el cinco por ciento, también está bien. Lo importante es que lo hagas de forma constante. Con el tiempo, ese hábito creará un colchón que te dará tranquilidad y libertad para tomar mejores decisiones.

Ahora bien, no todos los ahorros son iguales. Un ahorro inteligente distingue entre diferentes tipos de ahorro. Por ejemplo, está el ahorro para emergencias. Este es fundamental. Es tu red de seguridad. Es el dinero que te permitirá estar tranquila si pierdes tu empleo, si tienes un problema de salud, si tu coche se descompone o si hay una crisis inesperada. Este fondo debería cubrir entre tres y seis meses de tus gastos básicos. No es un dinero para tocar a la ligera. Es solo para emergencias reales.

Luego está el ahorro para metas. Este es el dinero que te permitirá cumplir sueños. Puede ser para un viaje, una casa, una computadora nueva, un curso, iniciar un negocio, o cualquier cosa que realmente desees. Lo importante aquí es que pongas un objetivo concreto: cuánto necesitas, para cuándo lo quieres, y cuánto debes guardar cada mes para lograrlo. Cuando tu mente tiene un objetivo claro, es mucho más fácil comprometerte con el ahorro.

También puedes tener un ahorro para imprevistos pequeños. Cosas como reparaciones del hogar, regalos, celebraciones familiares, gastos escolares inesperados. Son cosas que no ocurren todos los meses, pero que sabemos que ocurren. Si no las planeas, te sacan de balance. Si las tienes contempladas, las enfrentas sin estrés.

Y no olvides el ahorro para el retiro. Aunque estés joven, es importante que empieces cuanto antes. Porque el tiempo es tu mejor aliado cuando se trata de crear riqueza a largo plazo. Cuanto antes empieces, menos tendrás que guardar después. Hay planes de retiro privados, fondos de inversión, cuentas especiales. Investiga las opciones en tu país y empieza con lo que puedas. No importa si al principio es poco. Lo que importa es el hábito.

Un error común es guardar el dinero del ahorro en la misma cuenta donde manejas tus gastos diarios. Eso es peligroso porque lo puedes gastar sin darte cuenta. Lo ideal es tener una cuenta separada, preferiblemente que no uses para otra cosa. Así, tu ahorro crece sin interrupciones. También puedes usar herramientas automáticas que transfieran una parte de tu dinero cada vez que te pagan. Así no tienes que pensarlo. Ya está hecho.

Otra estrategia de ahorro inteligente es aprovechar los ingresos extra. Cuando recibas un bono, una devolución de impuestos, una venta inesperada o cualquier ingreso adicional, ahorra una parte importante de eso. Como no es dinero que esperabas, no lo necesitas para tus gastos regulares. Puedes usar una regla simple: 50 por ciento para el ahorro, 30 por ciento para disfrutar y 20 por ciento para deudas o inversión. Así te premias, pero también construyes.

El ahorro también tiene un componente emocional. Muchas veces, el problema no es que no puedas ahorrar, sino que no quieres hacerlo porque te genera ansiedad. Tal vez tienes miedo de que si guardas, te falte para otras cosas. O sientes que estás privándote de disfrutar el presente. Pero ahorrar no es privarte. Es darte opciones. Es permitirte elegir más adelante con calma. Es protegerte de situaciones difíciles. Es darte poder.

Y aquí entra una gran ventaja que muchas mujeres tienen: la capacidad de pensar en el bienestar de largo plazo. Las mujeres cuidamos. Cuidamos personas, proyectos, hogares, ideas. Y el ahorro también es una forma de cuidar. Cuidarte a ti, a tu familia, a tus metas. Usar esa capacidad a tu favor te convierte en una estratega poderosa.

Ahora bien, ahorrar no es lo mismo que acumular sin sentido. Un ahorro inteligente tiene propósito. No es solo juntar dinero por si acaso. Es guardar con dirección. Con claridad. Con visión. Saber para qué estás ahorrando te ayuda a mantenerte firme, incluso cuando surjan tentaciones. Si sabes que estás ahorrando para montar tu propio negocio, para pagar la universidad de tus hijos, o para tener libertad de elegir tu futuro, entonces cada peso guardado se convierte en una victoria.

Por último, recuerda que el ahorro no es algo que haces para sobrevivir. Es algo que haces para prosperar. Es una herramienta que te permite decir no cuando algo no te conviene, y decir sí cuando una oportunidad aparece. Es el paso que separa a quien depende del dinero, de quien lo domina. Es lo que te da paz para dormir tranquila y fuerza para tomar decisiones valientes.

Así que empieza hoy. Con lo que tengas. Aunque parezca poco. Aunque sientas que no vale la pena. Lo que estás haciendo es mucho más que guardar dinero. Estás construyendo una base sólida sobre la cual puedes levantar la vida que sueñas. Y eso, mujer, es el tipo de riqueza que ninguna cifra puede medir.

Rompe con las Deudas Emocionales

Las deudas emocionales no se encuentran en un estado de cuenta, pero muchas veces pesan más que las deudas con el banco. Son esas decisiones que tomamos con el corazón en la mano y la mente apagada. Son compras que hacemos para agradar, para complacer, para no quedar mal, para no sentir culpa. Son préstamos que damos aunque no podamos, promesas que cumplimos aunque nos duelan, regalos que hacemos para sentirnos queridas, compromisos que aceptamos para no ser rechazadas. Y todo eso, aunque no lo veamos, tiene un costo financiero real y profundo.

Romper con las deudas emocionales comienza por identificar qué lugar ocupa el dinero en tu vida emocional. Muchas mujeres crecimos con la idea de que el dinero está ligado al amor, a la aceptación, a la validación. Nos enseñaron que decir que no es ser egoístas. Que si tenemos, debemos compartir. Que si alguien nos pide ayuda, y podemos medio ayudar, estamos obligadas a hacerlo. Y aunque la generosidad es hermosa, también puede volverse una trampa si se convierte en una forma de sacrificarnos constantemente para sostener a otros.

Uno de los errores más comunes es gastar dinero para llenar vacíos emocionales. Te sientes sola, te compras algo. Te sientes triste, te vas de compras. Te sientes insegura, te das un lujo. Pero eso no soluciona el problema. Solo lo tapa por unas horas. Después vuelve el vacío, y además, aparece la culpa de haber gastado en algo innecesario. Es un ciclo muy dañino: emoción negativa, gasto impulsivo, alivio momentáneo, remordimiento, y de nuevo, emoción negativa. Romper con ese patrón requiere valentía y consciencia. Antes de comprar, pregúntate: ¿lo necesito de verdad o solo quiero sentirme mejor? Y si es lo segundo, busca una forma emocionalmente saludable de atender esa necesidad.

Otra forma de deuda emocional es prestar dinero cuando no puedes o cuando sabes que no te lo van a devolver. Muchas veces lo haces porque no quieres parecer tacaña, porque no quieres conflictos, porque te da pena decir que no. Pero esa ayuda que das desde el sacrificio no es nobleza, es autoabandono. Y a la larga, genera resentimiento, incomodidad y culpa. Si alguien te pide dinero y tú no puedes prestarlo sin afectar tus finanzas, está bien decir que no. Ayudar no es cargar con responsabilidades ajenas. Puedes apoyar de muchas formas: con tiempo, con consejos, con contactos, con ideas. Pero tu estabilidad financiera no debería ser moneda de cambio emocional.

También están las compras para quedar bien. El regalo caro para la amiga, el vestido nuevo para una boda, el viaje que no podías pagar pero todos iban. Hacemos gastos para pertenecer, para no sentirnos menos, para no desentonar. Pero, ¿a qué precio? Cada vez que gastas por presión social, estás cediendo tu poder. Y lo irónico es que muchas veces las personas ni siquiera notan el esfuerzo que hiciste. Lo que sí queda es tu tarjeta con más deuda, o tu cuenta en ceros. Tu paz no puede depender de la aprobación de los demás.

Muchas mujeres también arrastran una culpa invisible cuando empiezan a tener dinero. Si vienes de una familia donde hubo escasez, es probable que sientas que no mereces tener más que ellos. Tal vez ayudas a todos, incluso sin que te lo pidan. Tal vez sientes que si tú progresas y otros no, estás traicionando tus raíces. Pero tú no viniste a repetir historias. Viniste a romper ciclos. Y la mejor forma de honrar a tu familia no es quedándote donde están, sino mostrando que sí se puede salir adelante y ayudar de forma inteligente, sin destruirte en el proceso.

Las deudas emocionales también se dan cuando aceptas trabajos mal pagados por miedo a perder la oportunidad, cuando no cobras lo que vales por temor a que te digan que eres ambiciosa, o cuando no pides un aumento porque no quieres incomodar. Pero el dinero que no te pagan es tiempo de tu vida que regalaste. Es energía, esfuerzo, talento que entregaste sin recibir lo justo. Y eso también es una deuda, solo que el acreedor eres tú.

Para romper con las deudas emocionales, necesitas comenzar a practicar el amor propio en tu vida financiera. Y eso empieza por ponerte a ti primero. No desde el egoísmo, sino desde la responsabilidad. Porque cuando tú estás bien, puedes ayudar mejor. Porque cuando tú estás estable, puedes compartir con generosidad y no con culpa. Decir que no, poner límites, valorar tu trabajo, cuidar tus recursos, no es ser dura ni fría. Es ser clara. Y la claridad protege.

Haz una lista de las situaciones en las que sientes que el dinero se te escapa sin control. Revisa tus últimos gastos. Pregúntate: ¿esto lo hice por mí, o para complacer a alguien? ¿Lo hice desde la libertad o desde la presión? ¿Lo hice por amor o por miedo? Esa autoevaluación puede ser incómoda, pero es liberadora. Porque cuando entiendes por qué gastas, puedes empezar a cambiarlo.

También es muy útil tener frases preparadas para decir que no. Practícalas. Escríbelas. Por ejemplo: “Ahora no puedo ayudarte, pero si más adelante puedo, te aviso”. O “Prefiero no prestar dinero, pero puedo ayudarte a buscar otra solución”. O “Estoy cuidando mis finanzas, así que no puedo sumarme esta vez”. Tener estas frases listas te da poder. Te ayuda a responder con firmeza sin culpa.

Y si ya estás cargando con deudas emocionales pasadas, es momento de perdonarte. Tal vez prestaste y nunca te pagaron. Tal vez gastaste de más por inseguridad. Tal vez diste cuando tú misma necesitabas. No te juzgues. No sabías hacerlo mejor. Pero ahora sí sabes. Y puedes empezar a actuar diferente.

La libertad financiera no es solo tener dinero, es también soltar las culpas, los miedos y las ataduras que nos impiden decidir con claridad. Romper con las deudas emocionales es un acto de madurez, de valentía y de respeto por ti misma. Es decirte: merezco vivir con paz, con orden y con poder personal. Merezco usar mi dinero como una herramienta de crecimiento, no como un peso emocional.

Tú no le debes a nadie tu tranquilidad. No tienes que sacrificarte para ser buena persona. Puedes ser generosa sin olvidarte de ti. Puedes dar desde la abundancia y no desde la escasez. Puedes ayudar desde la conciencia y no desde la culpa. Porque cuando dejas de cargar con lo que no te toca, te vuelves más ligera, más fuerte, más tú. Y ese es el verdadero camino hacia una riqueza femenina real y sostenible.

Invierte Como Mujer

Invertir puede parecer un territorio complicado y hasta intimidante, especialmente si no has tenido experiencia previa o si el mundo financiero parece estar lleno de términos difíciles. Pero invertir es una herramienta fundamental para que puedas hacer crecer tu dinero y alcanzar la independencia financiera que mereces. Y como mujer, tienes ventajas especiales que puedes usar para invertir de manera inteligente, segura y efectiva.

Primero, es importante entender qué es invertir. No es simplemente guardar dinero, ni mucho menos gastarlo. Invertir significa poner tu dinero a trabajar para ti. Es hacer que ese dinero crezca con el tiempo, a través de diferentes opciones que te ofrecen rendimientos mayores que una simple cuenta de ahorro. La clave está en aprender a elegir dónde y cómo invertir, para minimizar riesgos y maximizar ganancias.

Una gran ventaja que tienen muchas mujeres al invertir es nuestra tendencia natural a ser pacientes y analíticas. Mientras que algunas personas se dejan llevar por la emoción o el impulso, las mujeres suelen investigar, leer, y tomar decisiones más fundamentadas. Esa paciencia es oro cuando se trata de invertir porque la mayoría de las inversiones no generan riqueza instantánea. La riqueza real se construye con constancia y tiempo, y saber esperar los resultados es un superpoder financiero.

Antes de empezar a invertir, necesitas definir tu objetivo. ¿Para qué quieres invertir? Puede ser para tu retiro, para comprar una casa, para la educación de tus hijos, o para tener un colchón financiero que te dé libertad. Tener claro el objetivo te ayudará a elegir la inversión adecuada y a mantener la disciplina.

No todas las inversiones son iguales ni tienen el mismo nivel de riesgo. Algunas son más seguras, pero ofrecen rendimientos bajos. Otras tienen un riesgo mayor, pero también una posibilidad de ganancias más altas. Como mujer, es fundamental que entiendas tu perfil de inversionista: ¿eres conservadora, moderada o arriesgada? Esto depende de tu tolerancia a perder dinero, tu situación financiera y tu horizonte de tiempo. Si recién empiezas, es mejor ser conservadora y aprender sobre la marcha.

Una forma sencilla y recomendada para empezar a invertir es con fondos de inversión o fondos indexados. Estos fondos reúnen el dinero de muchas personas para comprar una variedad de activos, como acciones y bonos. La ventaja es que tu dinero está diversificado, lo que reduce el riesgo. Además, estos fondos suelen estar gestionados por expertos, lo que te permite aprender y crecer sin necesidad de ser una experta desde el principio.

Otra opción que puedes explorar son las inversiones en bienes raíces, que muchas mujeres usan para generar ingresos pasivos. Comprar una propiedad para rentar puede ser una fuente estable de ingresos y, a largo plazo, la propiedad puede aumentar su valor. Pero recuerda que esto requiere una inversión inicial mayor y un manejo constante, por lo que es importante estudiar bien el mercado antes de dar el paso.

Las acciones individuales son otra alternativa, pero requieren más conocimiento y seguimiento. Aquí es donde la paciencia y la investigación son fundamentales. Aprende sobre las empresas, sus resultados, su historia y su potencial de crecimiento. No te dejes llevar por modas o consejos de "expertos" en redes sociales. Invierte en lo que entiendes y en lo que confías.

No olvides la importancia de la educación financiera continua. Invierte tiempo en leer libros, tomar cursos, escuchar podcasts y seguir a especialistas confiables. La información es poder y, cuanto más sepas, mejores decisiones tomarás.

Una recomendación práctica para invertir como mujer es aprovechar la automatización. Muchas plataformas permiten que configures aportaciones automáticas a tu inversión cada mes. Esto te ayuda a mantener la constancia y evita que uses ese dinero en gastos superfluos. Además, con el tiempo, invertirás más sin sentirlo.

También puedes usar tu red de apoyo para crecer. Conoce a otras mujeres que invierten, participa en grupos o comunidades. Compartir experiencias te dará motivación, seguridad y nuevas ideas. Muchas veces, el miedo a invertir viene de no tener con quién consultar o de sentirse sola en el camino.

Recuerda que invertir no es una carrera de velocidad, sino una maratón. No te desesperes si los resultados no se ven rápido. A veces el mercado tiene altibajos, y eso es normal. La clave está en mantener la estrategia y aprender de cada experiencia.

Finalmente, invertir como mujer es también un acto de empoderamiento. Al tomar el control de tu dinero y hacerlo crecer, estás construyendo independencia, seguridad y libertad. Estás demostrando que puedes manejar tu futuro con inteligencia y determinación. Y eso no solo te beneficia a ti, sino también a quienes amas y a la sociedad que necesita mujeres fuertes y financieramente libres.

Así que comienza hoy. No esperes a tener mucho dinero para invertir. Empieza con lo que tengas, aprende, crece y ve cómo poco a poco tu dinero trabaja para ti. Invertir como mujer es una de las mejores decisiones que puedes tomar para transformar tu vida y crear la riqueza que mereces.

La Magia del Interés Compuesto

El interés compuesto es una de las herramientas más poderosas y mágicas que existen en el mundo de las finanzas, y es fundamental que cualquier mujer que quiera construir riqueza lo entienda bien. A simple vista puede sonar como un término complicado o algo que solo los expertos en finanzas manejan, pero la verdad es que el interés compuesto es un concepto sencillo y accesible para todas. Lo que hace es multiplicar tu dinero sin que tengas que hacer mucho esfuerzo, solo con paciencia y constancia.

Para entenderlo de manera simple, imagina que pones una cantidad de dinero en una cuenta o inversión que te paga intereses. El interés es ese dinero extra que ganas por tener tu dinero ahí. Ahora, con el interés simple, solo ganas dinero extra sobre el monto inicial que pusiste. Pero con el interés compuesto, no solo ganas intereses sobre el dinero inicial, sino también sobre los intereses que has ido acumulando. Es decir, tus ganancias se suman al capital y, al siguiente periodo, empiezas a ganar intereses sobre un monto mayor. Esa es la clave: el dinero crece sobre el dinero que ya creció antes.

Un ejemplo sencillo puede ayudar a verlo más claro. Supongamos que ahorras 1000 pesos y que tu inversión te da un 5% de interés anual. En el primer año, ganarás 50 pesos. Si solo fuera interés simple, al segundo año ganarías otros 50 pesos, y así sucesivamente. Pero con interés compuesto, en el segundo año ganarás un 5% no solo sobre los 1000 pesos iniciales, sino también sobre los 50 pesos que ganaste en el primer año. Entonces, en el segundo año ganarás 52.50 pesos, y así el crecimiento se va acelerando cada vez más. Con el tiempo, esta diferencia se vuelve enorme.

Lo que hace especial al interés compuesto es el tiempo. Cuanto antes empieces a invertir y ahorrar con esta estrategia, más beneficios tendrás. La magia del interés compuesto se activa cuando permites que tu dinero crezca durante años, incluso décadas. Muchas veces pensamos que para invertir hay que tener mucho dinero, pero lo cierto es que comenzar con poco y ser constante a largo plazo puede resultar en grandes sumas gracias a este efecto.

Además, el interés compuesto no solo funciona con el dinero que tienes en cuentas de ahorro, también aplica a muchas inversiones como fondos mutuos, bonos, acciones, e incluso algunas deudas, por eso es vital saber manejarlo a tu favor y no en tu contra. Por ejemplo, si tienes deudas con intereses compuestos, el monto que debes puede crecer rápidamente si no las pagas a tiempo. Por eso es tan importante aprender a aprovecharlo para construir riqueza, y evitar que te atrape en problemas financieros.

Para sacar el máximo provecho del interés compuesto, debes hacer dos cosas: empezar cuanto antes y ser constante. Cada vez que agregas dinero a tu inversión o ahorro, incrementas la base sobre la que se calculan los intereses. Por eso es tan valioso tener hábitos de ahorro regulares, aunque sean cantidades pequeñas. Si guardas una pequeña cantidad cada mes, ese dinero se va sumando y generando más intereses, y con el tiempo, la suma total puede sorprenderte.

Otro aspecto clave es la paciencia. El interés compuesto no es un atajo para hacerse rico de la noche a la mañana. Al principio, los resultados pueden parecer lentos o insignificantes, pero no te desanimes. A medida que pasa el tiempo, el crecimiento se vuelve exponencial y los números empiezan a aumentar mucho más rápido. Esta es la razón por la que las personas que empiezan a invertir temprano tienen una gran ventaja sobre quienes lo hacen tarde.

También es importante tener en cuenta la inflación, que es el aumento general de los precios con el tiempo y que puede reducir el poder de compra de tu dinero. Por eso, no basta con guardar el dinero debajo del colchón o en una cuenta sin intereses. El interés compuesto puede ayudarte a que tu dinero crezca a un ritmo que supere la inflación, para que realmente aumente su valor y no pierda poder adquisitivo.

Aprovechar la magia del interés compuesto requiere disciplina y educación financiera.

Muchas mujeres se sienten inseguras o temerosas de invertir porque creen que no tienen suficiente dinero o conocimiento, pero la realidad es que con información adecuada y pequeños pasos, cualquiera puede empezar a beneficiarse de este poderoso principio.

Un consejo práctico es automatizar tus ahorros o inversiones. Así no dependes de tu voluntad cada mes, y el dinero se va acumulando sin que lo notes tanto. Esto también ayuda a evitar la tentación de gastar ese dinero en cosas que no son prioritarias. Y recuerda, el interés compuesto trabaja mejor cuando no retiras tus ganancias constantemente. Deja que sigan creciendo y sumándose al capital.

En resumen, el interés compuesto es una herramienta que puede transformar completamente tu relación con el dinero. Es la forma en que pequeñas acciones constantes pueden convertirse en grandes resultados con el tiempo. Es una forma de hacer que tu dinero trabaje para ti, multiplicándose y creciendo sin que tengas que estar pendiente cada día.

Comprender y usar el interés compuesto es un paso esencial para que cualquier mujer tome control de su futuro financiero. No importa si tienes poco dinero ahora, lo que importa es comenzar y mantener el rumbo. El tiempo es tu mejor aliado, y la paciencia tu mejor estrategia. Si le das espacio para crecer, el interés compuesto puede hacer magia con tu dinero y ayudarte a construir la riqueza que siempre has soñado.

Emprende con Propósito (y Ganancias)

Emprender no se trata solo de abrir un negocio para ganar dinero. Emprender con propósito significa construir algo que no solo te genere ingresos, sino que también tenga un significado profundo para ti. Es hacer que tu trabajo diario esté conectado con tus valores, con lo que te inspira y con lo que quieres aportar al mundo. Y cuando ese propósito se alinea con una buena estrategia financiera, el resultado son ganancias reales, estables y sostenibles.

Para muchas mujeres, emprender representa una forma de libertad. Libertad de horarios, de decisiones, de crecimiento. Pero más allá de esa libertad externa, hay una libertad interna aún más poderosa: la de hacer algo que ames, que tenga sentido para ti y que beneficie a otras personas. Emprender con propósito es precisamente eso. Es preguntarte qué problema puedes resolver, qué necesidad puedes cubrir y cómo puedes mejorar la vida de otros con tu producto o servicio. Cuando encuentras una respuesta honesta, estás frente a una oportunidad única de generar valor real.

Comenzar un emprendimiento con propósito requiere una introspección profunda. No es solo pensar en lo que está de moda o en lo que todos están haciendo. Se trata de mirar hacia adentro y preguntarte qué te apasiona, qué sabes hacer bien, y qué problemas te gustaría solucionar. Tal vez eres buena para cocinar, y sueñas con un pequeño café donde puedas ofrecer comida saludable. O tal vez te apasiona el diseño y podrías ayudar a otras mujeres a construir su imagen profesional. Tal vez eres mamá y detectaste una necesidad no cubierta en productos infantiles. Lo importante es que ese proyecto tenga sentido para ti, que te entusiasme, y que te impulse a seguir incluso cuando las cosas se pongan difíciles.

Porque sí, emprender tiene sus retos. No todo es color de rosa. Habrá días en los que te sientas cansada, confundida o desanimada. Pero cuando tu negocio tiene un propósito claro, ese propósito se convierte en tu motor. Te recuerda por qué empezaste, a quién estás ayudando, y qué impacto estás generando. Y esa claridad es lo que te mantiene en marcha.

Además del propósito, necesitas enfocarte en las ganancias. Porque por más bonito que sea tu proyecto, si no es rentable, no va a durar. Un negocio necesita ingresos suficientes para cubrir sus gastos, reinvertir en su crecimiento y, por supuesto, pagarte lo que mereces. No se trata de sacrificarte por el propósito, sino de combinar ese propósito con una mentalidad empresarial. La pasión y la estrategia no se oponen, se complementan.

Por eso, desde el primer momento es fundamental poner atención a los números. ¿Cuánto cuesta ofrecer tu producto o servicio? ¿Cuánto puedes cobrar de forma justa? ¿Qué gastos tendrás cada mes? ¿Cuántas ventas necesitas para cubrirlos y generar ganancias? Hacer estos cálculos puede parecer complicado al inicio, pero es parte del juego. No necesitas ser contadora, solo tener claridad y orden. Con una hoja de cálculo simple puedes empezar a proyectar tus ingresos, tus costos y tus ganancias esperadas.

También es importante entender a tu cliente ideal. ¿A quién le estás hablando? ¿Qué necesita esa persona? ¿Qué valora más? Cuando tienes claro a quién sirves, puedes crear mensajes más poderosos, productos más adecuados y estrategias más efectivas. Conocer a tu cliente te ayuda a vender sin presionar, a conectar desde lo emocional y a fidelizar personas que volverán a comprarte una y otra vez.

Muchas mujeres caen en la trampa de vender por debajo de su valor, por miedo a que no les compren. Pero emprender con propósito no significa regalar tu trabajo. Al contrario, significa ponerle el precio justo, porque sabes que lo que haces tiene valor, y porque mereces una retribución digna. No tengas miedo de cobrar bien por tu talento, por tu tiempo y por tu esfuerzo. Aprender a poner precios correctos es una forma de respetarte y de respetar tu negocio.

La visibilidad también es un factor clave. Hoy en día, gracias a internet, tienes herramientas poderosas para dar a conocer tu emprendimiento sin gastar mucho dinero. Redes sociales, páginas web, plataformas de venta y marketing digital están a tu alcance. Solo necesitas aprender a usarlas con inteligencia. Comparte tu historia, muestra el detrás de cámaras, conecta con tu audiencia. La gente no solo compra productos, compra experiencias, historias y emociones. Y tú, como mujer emprendedora con propósito, tienes mucho que contar.

Otra recomendación importante es rodearte de otras emprendedoras. Construye una red de apoyo. Habla con mujeres que estén en el mismo camino, aprende de sus errores, celebra sus éxitos. Emprender puede ser un viaje solitario si lo haces sola, pero si te conectas con otras mujeres que también creen en sus ideas, el camino se vuelve más liviano, más motivador y más enriquecedor.

Finalmente, recuerda que emprender con propósito y generar ganancias no son objetivos opuestos. Son dos partes de la misma ecuación. Puedes tener un negocio rentable que también sea un vehículo de transformación, tanto para ti como para quienes te rodean. Puedes vivir de lo que amas hacer, y hacerlo bien. Puedes aportar valor, crecer, y ganar dinero al mismo tiempo. Solo necesitas creer en ti, planear con inteligencia y actuar con valentía.

Emprender con propósito es uno de los caminos más hermosos hacia la libertad financiera. No porque sea fácil, sino porque es significativo. Y cuando haces algo con sentido, el trabajo se convierte en pasión, el esfuerzo en crecimiento y las ganancias en una verdadera recompensa del alma. Ese es el verdadero poder de una mujer que emprende con corazón, con estrategia y con visión.

No Dependas de Uno Solo

Una de las lecciones más importantes en el camino hacia la libertad financiera es aprender a no depender de una sola fuente de ingresos. Vivimos en un mundo cambiante, donde nada es completamente seguro, y tener un solo ingreso es como caminar sobre una cuerda floja sin red. Si algo falla, si esa única fuente desaparece, te quedas sin respaldo. Por eso, diversificar tus ingresos no es un lujo, es una necesidad. Especialmente para las mujeres que quieren construir independencia económica real y duradera.

Durante mucho tiempo se nos enseñó que lo correcto era tener un buen trabajo, con un salario fijo, y quedarnos ahí muchos años. Pero la realidad actual ha demostrado que eso no siempre es posible. Empresas cierran, los empleos cambian, las crisis aparecen sin aviso. Y si todo tu ingreso depende de un solo jefe, de un solo cliente o de un solo negocio, tu estabilidad financiera está en riesgo. En cambio, si tienes varias fuentes de dinero, puedes perder una sin que tu mundo se venga abajo.

No se trata de trabajar más horas ni de volverte una máquina de producir. Se trata de usar tu creatividad, tus habilidades y tus recursos para generar ingresos de diferentes maneras. Tal vez tienes un empleo, pero además puedes ofrecer servicios como freelance, dar clases particulares, vender productos por internet, invertir en un negocio pequeño o monetizar un talento que antes veías solo como pasatiempo. Cuando abres tu mente a otras posibilidades, descubres que hay muchas formas de hacer dinero.

Una estrategia poderosa es comenzar con tu fuente principal, como tu trabajo actual, y usar parte de esos ingresos para sembrar otras opciones. Por ejemplo, si ganas un sueldo mensual, podrías usar una parte para invertir en un fondo que te genere rendimientos, o para comprar herramientas que te permitan ofrecer un servicio aparte. Así, poco a poco, tu dinero comienza a trabajar contigo, y no dependés solo de tu esfuerzo físico.

El secreto está en crear fuentes de ingreso que no estén directamente atadas a tu tiempo. Porque si cada peso que ganás depende de las horas que trabajás, siempre estarás limitada. Solo hay 24 horas al día y no podés trabajar todo el tiempo. Por eso es tan importante explorar opciones como ingresos pasivos. Estos son ingresos que siguen llegando incluso cuando no estás activamente trabajando. Un ejemplo claro son las inversiones, los productos digitales, los alquileres, las regalías por libros o música, entre otros.

Por supuesto, no se trata de abandonar tu trabajo de un día para el otro. Tampoco se trata de correr detrás de cien ideas a la vez y no concretar ninguna. Lo importante es avanzar paso a paso. Elegí una idea secundaria, algo que puedas hacer en tu tiempo libre, que no requiera una gran inversión inicial y que tenga potencial de crecimiento. Probá, aprendé, ajustá. Y cuando esa nueva fuente empiece a generar ingresos reales, podés escalarla o buscar otra más.

Muchas mujeres tienen talentos dormidos que pueden convertirse en fuentes de dinero. Quizás sabés cocinar muy bien, y podrías vender algo desde casa. Tal vez tenés buen gusto para decorar, y podrías ofrecer asesorías. O quizás sos buena escribiendo y podrías crear contenido para marcas. Todo lo que sabés hacer puede transformarse en valor para otros, y por lo tanto, en ingresos para vos. Solo tenés que mirar tu vida con otros ojos y confiar en tu capacidad.

Además, al tener varias fuentes de ingreso, ganás más que dinero: ganás seguridad, libertad y tranquilidad. Ya no vivís con miedo a que si algo sale mal, te quedás sin nada. Tenés opciones. Tenés margen de acción. Y eso te da poder. Te permite tomar decisiones con calma, negociar con más fuerza, e incluso tomar riesgos que antes no te hubieras permitido.

Un punto clave es organizar bien tus finanzas para que cada fuente tenga un propósito claro. No mezcles todos tus ingresos como si fueran uno solo. Asigná tareas a cada entrada de dinero. Por ejemplo, tu sueldo puede cubrir tus gastos fijos, tu emprendimiento puede ir a un fondo de ahorro, tus inversiones pueden quedar intactas para crecer. Esa estructura te da claridad, y te ayuda a mantener cada ingreso funcionando como debe.

Por último, recordá que esto no es solo una estrategia financiera, es una actitud de vida. Es decidir que no vas a poner todos tus huevos en una sola canasta. Que no vas a depender de una sola persona, empresa o proyecto para vivir bien. Que tu bienestar económico no puede estar atado a algo tan frágil como una única fuente de ingresos. Porque vos valés más que eso. Tus sueños valen más que eso. Y tu seguridad merece una base sólida, construida sobre varias columnas.

No dependas de uno solo. No porque esté mal confiar, sino porque está bien prepararse. Diversificar tus ingresos es una forma de cuidar de vos misma, de tu familia y de tu futuro. Es un acto de amor propio, de madurez y de inteligencia financiera. Y aunque al principio parezca difícil, con el tiempo se vuelve una de las decisiones más sabias que podés tomar. Porque el verdadero poder económico no viene de cuánto ganás en un lugar, sino de cuántas puertas tenés abiertas para que el dinero llegue.

Gana Más y Hazte Respetar

Ganar más dinero no solo se trata de tener una cuenta bancaria más abultada. Ganar más también tiene que ver con valorarte, con hacerte respetar y con poner en su lugar todo lo que sos capaz de aportar. Durante mucho tiempo, muchas mujeres se han sentido incómodas hablando de dinero. A veces porque nos enseñaron que era de mal gusto, a veces porque temíamos parecer ambiciosas, otras veces porque no queríamos incomodar a nadie. Pero esa época ya pasó. Hoy es el momento de hablar de dinero con libertad, con inteligencia y con autoridad. Porque si querés ser respetada, también tenés que respetar tu valor económico.

Ganar más es posible, pero no sucede por accidente. Sucede cuando te lo proponés de forma consciente y tomás decisiones estratégicas. Para empezar, tenés que dejar de pensar que tu valor como profesional o como emprendedora depende solo de cuántas horas trabajás. Tu valor está en tu experiencia, tu conocimiento, tu creatividad, tu capacidad de resolver problemas. Y eso no se cobra por tiempo, se cobra por resultado. Si seguís cobrando poco solo por miedo a que no te elijan o a que crean que sos "cara", estás debilitando tu posición. No hay nada de malo en querer ganar bien por lo que hacés. De hecho, es justo y necesario.

Uno de los primeros pasos para ganar más es pedir más. Parece simple, pero muchas mujeres nunca lo hacen. Si tenés un empleo, es fundamental que revises cuánto vale realmente tu trabajo en el mercado. Averiguá cuánto ganan personas que hacen lo mismo que vos, con tu nivel de experiencia. Si descubrís que estás por debajo, armá un caso sólido y pedí un aumento con seguridad. No esperes a que tu jefe se dé cuenta solo. Presentá tus logros, mostrale cómo aportás al equipo, explicá por qué merecés ganar más. Y si no hay voluntad de mejorar tus condiciones, considerá seriamente buscar un lugar donde sí valoren lo que ofrecés.

Si sos emprendedora o freelance, poner precios correctos es vital. Muchas veces los precios bajos no atraen más clientes, al contrario, hacen que tu trabajo parezca menos profesional. La clave está en comunicar bien el valor de lo que hacés.

Contá tu proceso, tu preparación, los beneficios concretos que obtienen tus clientes. No vendas solo lo que hacés, vendé el resultado que entregás. Y cuando cobrás lo que corresponde, algo cambia no solo en tu cuenta bancaria, sino también en tu autoestima. Empezás a verte con otros ojos, y eso se transmite. La gente nota cuando una mujer se respeta y se valora.

Ganar más también implica aprender más. No te estanques. Invertí en formación, en nuevas herramientas, en expandir tus habilidades. Cuanto más sabés, más opciones tenés. Podés mejorar tu rendimiento, ofrecer nuevos servicios, o acceder a mejores posiciones. Y no se trata de tener mil títulos, sino de estar en constante evolución. Hoy hay cursos, talleres, tutoriales y libros al alcance de todas. Si realmente querés crecer, la información está disponible. Lo importante es usarla, aplicarla y convertirla en una ventaja real.

Otra forma de aumentar tus ingresos es colaborar con otras mujeres. La competencia entre nosotras no sirve. Lo que sí sirve es unir talentos, crear alianzas, compartir redes. Dos mujeres que se apoyan pueden llegar más lejos que diez que se critican. Y muchas veces, una colaboración estratégica puede abrirte puertas que nunca imaginaste. Así que buscá compañeras, mentoras, socias. Compartí lo que sabés y recibí lo que otras saben. El crecimiento compartido es más rápido y más fuerte.

Y no olvides un punto clave: hacete respetar también con tus límites. Ganar más no significa trabajar hasta el agotamiento. Significa trabajar de forma más inteligente, más enfocada, más estratégica. No digas que sí a todo. No regales tu tiempo. No estés disponible las 24 horas solo para quedar bien. Poné tus condiciones con claridad, hacé valer tu palabra, cumplí lo que prometés, pero también exigí el mismo nivel de compromiso de los demás. El respeto no se ruega, se construye con acciones firmes y consistentes.

Además, es fundamental cambiar el diálogo interno. Dejá de decirte que no podés, que no sos suficiente, que no sabés cómo. Empezá a decirte que estás aprendiendo, que estás creciendo, que tenés derecho a prosperar. Porque todo empieza por cómo te hablás a vos misma. Una mujer que se habla con poder se mueve con poder, y una mujer que se mueve con poder, gana más. Así de claro.

Ganar más no es solo un tema de dinero, es un tema de identidad. Es reconocer lo que valés y construir una vida que esté a la altura de ese valor. Y cuando te hacés respetar en el mundo económico, también estás enseñando a otras mujeres que pueden hacerlo. Estás abriendo camino, estás mostrando una nueva forma de estar en el mundo. Y eso, además de ser poderoso, es necesario.

Así que no te conformes con menos. No minimices tu talento. No aceptes condiciones injustas por miedo. Ganar más y hacerte respetar no es un sueño imposible, es una decisión que empieza hoy. Solo necesitás coraje, estrategia y compromiso con vos misma. Porque cuando una mujer decide que va a ganar lo que merece, todo a su alrededor empieza a cambiar. Y ese cambio es el principio de una vida financiera más fuerte, más libre y más plena.

Igualdad y Claridad

Hablar de igualdad y claridad en las finanzas personales no es solo una cuestión de justicia, es una cuestión de inteligencia. Durante años, muchas mujeres han llevado sus finanzas desde la intuición, el sacrificio o la costumbre, pero no desde la información ni desde el poder. Este capítulo es una invitación a dejar atrás todo eso y tomar las riendas con plena conciencia. Porque cuando hay igualdad en la forma de relacionarse con el dinero y claridad sobre lo que entra y sale, la vida cambia. Te sentís más segura, más libre y más fuerte.

La igualdad empieza por casa. Y no me refiero solo a la pareja o la familia, sino a cómo vos misma te ves en relación con el dinero. Si sentís que no sabés, que no podés o que dependés de alguien para resolver tu economía, estás cediendo un poder que te pertenece. Las mujeres tenemos la misma capacidad que cualquier persona para administrar, decidir, invertir, negociar o generar riqueza. No es cuestión de género, es cuestión de práctica y conocimiento. Pero muchas veces, por cultura o por miedo, hemos asumido un rol más pasivo. Y eso tiene que cambiar.

Cuando hablamos de igualdad también nos referimos a las relaciones financieras con otros. Especialmente en pareja, donde a veces el dinero puede convertirse en una herramienta de control, manipulación o conflicto. Por eso es tan importante establecer reglas claras desde el principio. Si vivís en pareja, no importa quién gana más. Lo que importa es que ambas partes tengan voz, acceso y responsabilidad sobre el dinero que entra y sale del hogar. Ocultar, controlar o desentenderse no ayuda. Hablar con sinceridad, sí.

En una relación sana, el dinero no es un secreto ni un campo de batalla. Es un recurso que se administra con acuerdo mutuo. Cada uno debe tener claridad sobre cuánto se gana, cuánto se gasta, en qué se invierte y qué metas se quieren alcanzar juntos. Esto no significa que todo se mezcle o que no se puedan tener cuentas separadas. Significa que hay respeto, transparencia y acuerdos claros. Y eso vale también si estás en una sociedad de negocios o si compartís gastos con alguien más. Donde hay claridad, hay paz.

Pero la claridad no es solo para los demás, es primero para vos. Muchas mujeres no tienen ni idea de cuánto gastan al mes, ni en qué, ni cuánto realmente necesitan para vivir con tranquilidad. O viven con una sensación constante de escasez sin tener datos que lo justifiquen. Por eso, el primer paso para vivir con claridad financiera es poner todos los números sobre la mesa. No hace falta ser contadora. Solo necesitás un cuaderno, una hoja de cálculo o una app sencilla. Lo importante es que registres tus ingresos, tus gastos fijos, tus gastos variables y tus deudas, si las tenés. Sin juicio, sin culpa. Solo datos reales.

Al principio puede dar un poco de miedo ver los números en crudo. Pero una vez que lo hacés, te sentís más liviana. Porque ya no estás adivinando, estás decidiendo con información. Y esa claridad te permite planear mejor, tomar decisiones más inteligentes, evitar errores costosos y, sobre todo, ganar tranquilidad mental. Saber exactamente dónde estás parada es el primer paso para saber hacia dónde podés ir.

La igualdad también se refleja en cómo nos distribuimos las tareas relacionadas al dinero. Muchas mujeres cargan con toda la gestión económica del hogar, además del trabajo, los hijos y las responsabilidades personales. Otras, por el contrario, dejan todo en manos de su pareja o de un familiar y no se involucran para nada. Ninguno de esos extremos es sano. El equilibrio está en asumir la responsabilidad que te corresponde, sin sobrecargarte ni desconectarte. Y, si hay otra persona con quien compartís finanzas, que esa persona también participe de forma activa y justa.

Un aspecto clave para lograr igualdad y claridad es saber decir no. Decir no cuando alguien quiere que pagues algo que no te corresponde. Decir no cuando una relación de trabajo no valora tu esfuerzo. Decir no cuando te piden dinero prestado y sabés que no lo vas a recuperar. Decir no cuando una compra se ve linda pero no está en tu presupuesto. Tener claridad también es tener límites. Porque cuando sabés lo que querés lograr, no permitís que nada ni nadie te saque del camino.

Además, es fundamental tener metas claras. No se trata solo de ahorrar por ahorrar o de gastar menos. Se trata de saber qué querés lograr con tu dinero. ¿Querés viajar, invertir, tener un fondo de emergencia, pagar tus estudios, comprarte una casa, dejar de trabajar para otros? Cada meta necesita una estrategia y un plan. Pero si no tenés claridad, el dinero se va en cosas que no te acercan a tus sueños. En cambio, cuando tenés metas bien definidas, cada decisión financiera cobra sentido.

Y finalmente, recordá que la igualdad y la claridad no son un destino, son un proceso. Vas a tener días buenos y días malos. Meses organizados y meses en los que todo parece salirse de control. No pasa nada. Lo importante es que sigas comprometida con vos misma. Que vuelvas a tus números, que ajustes lo que haya que ajustar, que sigas aprendiendo. Porque una mujer que maneja su dinero con claridad y vive desde la igualdad, se vuelve imparable.

No hay nada más poderoso que mirar tu cuenta y saber exactamente lo que hay. No hay nada más liberador que tomar decisiones sin pedir permiso. No hay nada más valiente que sentarte frente al espejo y decir: hoy soy dueña de mi dinero y de mi vida. Porque cuando hay igualdad y claridad, lo demás empieza a alinearse. Y entonces, tu relación con el dinero deja de ser una fuente de preocupación y se convierte en una fuente de poder, de bienestar y de libertad.

Finanzas en la Maternidad

Tener hijos transforma la vida por completo, y también transforma tu manera de ver el dinero. De pronto, tus decisiones financieras ya no afectan solo a vos, sino también al bienestar de una o más personitas que dependen de vos en todo sentido. La maternidad te exige ser más fuerte, más previsora, más organizada. Y, aunque a veces te sentís abrumada, también es una oportunidad para convertirte en una mujer aún más poderosa. Porque cuando manejás tus finanzas con inteligencia durante la maternidad, no solo garantizás estabilidad para tus hijos, también te garantizás libertad a vos misma.

Una de las primeras cosas que hay que decir sin vueltas es que criar cuesta. Desde los pañales hasta la universidad, cada etapa tiene sus desafíos económicos. Por eso, es fundamental que tengas un plan, incluso si la maternidad llega sin haberla planeado. No se trata de tener todo resuelto, se trata de tomar el control paso a paso. El primer paso es armar un presupuesto que refleje esta nueva realidad. Anotá todos los gastos fijos relacionados a tu hijo o hija: alimentación, salud, educación, ropa, transporte, actividades. Sumale tus gastos personales y los del hogar. Ver todo junto te va a dar una idea más clara de lo que necesitás cubrir mes a mes.

El error más común es creer que por ser madre hay que dejarse para después. Muchas mujeres sacrifican su bienestar financiero pensando que es lo correcto por el bien de sus hijos. Y claro que tus hijos son prioridad, pero no a costa de tu estabilidad. Cuando te ponés en el último lugar, estás dejando un ejemplo peligroso. Tus hijos también aprenden cómo tratarse a sí mismos a través de lo que ven en vos. Si te descuidás, si dejás de crecer, si vivís en deuda o estrés, ellos lo notan. Por eso, seguir cuidando tu economía personal no es egoísmo, es responsabilidad.

Otro punto clave en esta etapa es tener un fondo de emergencia. Y no es negociable. Con niños, cualquier cosa puede pasar: una gripe, un accidente, una necesidad escolar inesperada. Tener un fondo de emergencia te da tranquilidad para enfrentar esos imprevistos sin endeudarte. Lo ideal es que ese fondo cubra al menos tres meses de tus gastos totales, incluyendo los de tu hijo. Si ahora mismo no lo tenés, empezá por guardar una pequeña cantidad cada mes. Incluso si son veinte o cincuenta pesos. Lo importante es la constancia.

Si estás criando sola, más que nunca tenés que ser estratega con tu dinero. Nadie más va a cubrir ese espacio por vos. Buscá apoyos, sí, pero no te quedes esperando. Empezá a pensar en ingresos adicionales. Podés vender algo, ofrecer un servicio, usar tus talentos para generar un ingreso extra desde casa. Incluso si trabajás en relación de dependencia, siempre es útil tener una segunda fuente de ingreso. Pensá que eso te puede dar el margen necesario para ahorrar, para invertir, o simplemente para respirar más tranquila a fin de mes.

La maternidad también es un buen momento para revisar tus seguros. Tener una cobertura médica adecuada, un seguro de vida, o un seguro contra accidentes puede hacer una enorme diferencia si algo llegara a pasar. No te gusta pensar en eso, lo entiendo, pero no prepararte es dejar tu futuro y el de tus hijos a la suerte. No hace falta pagar fortunas, pero sí tener lo básico cubierto. Y si te resulta difícil elegir o comparar, pedí ayuda a alguien que sepa, pero no lo dejes pasar.

Además, nunca es demasiado temprano para pensar en el futuro educativo de tus hijos. No importa si todavía están en el jardín. Cuanto antes empieces, más fácil será. Podés abrir una cuenta específica para ese fin e ir depositando aunque sea una pequeña cantidad cada mes. A largo plazo, eso se convierte en un colchón que puede ayudarte a pagar estudios, libros, cursos o incluso una carrera. Y más allá del dinero, les estás enseñando desde chicos la importancia de prepararse y pensar en el mañana.

No dejes que la culpa te coma. Muchas madres sienten culpa por trabajar, por ahorrar, por no poder dar todo lo que quisieran. Pero te aseguro algo: tus hijos no necesitan lujos, te necesitan a vos, presente, tranquila y fuerte. Una madre estresada por deudas o sin independencia económica tiene menos herramientas para criar con libertad. En cambio, una madre que se ocupa de su dinero también está construyendo un ejemplo de empoderamiento para sus hijos. Y eso vale más que cualquier juguete caro.

Si estás en pareja, es esencial que ambos se involucren en las finanzas familiares. No cargues sola con todo el peso. Hablen de los gastos, tomen decisiones juntos, definan quién aporta qué y cómo se organizan. Si vos te quedaste en casa para cuidar al bebé, eso también es trabajo, y debería reflejarse en el manejo del dinero. No se trata de discutir por cada peso, sino de armar un sistema justo. Muchas veces, la falta de claridad en esta etapa genera resentimientos que pueden evitarse con comunicación y acuerdos desde el principio.

Y no te olvides de vos. La maternidad no borra tus sueños, tus metas, tu derecho a crecer. Seguí estudiando si querés, emprendedé si podés, armá tu red de apoyo. Recordá que ser madre no te resta valor profesional, al contrario, te vuelve más organizada, más empática, más resolutiva. Y esas son cualidades muy buscadas en el mundo del trabajo y los negocios. Así que no te achiques. Usá la maternidad como impulso, no como freno.

Tener finanzas ordenadas durante la maternidad no significa tener todo bajo control todo el tiempo. Habrá meses más difíciles que otros, gastos imprevistos, cansancio. Pero con un plan, una mentalidad firme y una dosis de paciencia, vas a poder atravesar cada etapa con más estabilidad y confianza. Porque al final, la mejor herencia que le podés dejar a tus hijos no es solo un ahorro, sino el ejemplo de una madre que supo cuidarlos sin descuidarse. Una mujer que manejó su dinero con sabiduría, que se mantuvo fuerte y que nunca renunció a su poder. Y eso, sin duda, los va a acompañar toda la vida.

Círculo de Mujeres Ricas

Una de las verdades más poderosas, pero a veces menos valoradas, es que el entorno en el que te movés tiene un impacto directo en tu riqueza. No solo en lo económico, sino en tu mentalidad, tus decisiones y tus resultados. Por eso, si querés construir una vida financiera fuerte y abundante, una de las decisiones más importantes que podés tomar es elegir bien a las personas que te rodean. En especial, buscar y crear lo que yo llamo un círculo de mujeres ricas. No hablo solo de mujeres que tienen mucho dinero en el banco, sino de mujeres que piensan en grande, que valoran su crecimiento, que cuidan su economía y que están dispuestas a apoyarse unas a otras para alcanzar la libertad financiera.

Rodearte de mujeres que tienen metas similares a las tuyas te transforma. Te impulsa. Te obliga a elevar tus estándares. Si todas tus conversaciones giran en torno a la escasez, los problemas, los precios que suben o las oportunidades que se cierran, tu mente se acostumbra a vivir en modo supervivencia. Pero si empezás a compartir tiempo con mujeres que hablan de inversiones, de negocios, de ahorro inteligente, de independencia, de estrategias para crecer, tu mentalidad cambia. Te das cuenta de que no estás sola, de que otras también están en ese camino, y eso te motiva a avanzar con más claridad y más fuerza.

El círculo de mujeres ricas es un espacio donde se construye comunidad, no competencia. En una cultura que muchas veces nos enseñó a compararnos, a criticarnos o a competir por atención, crear un círculo así es un acto revolucionario. Es decirle al mundo: juntas somos más fuertes. Y es cierto. Compartir experiencias, ideas, contactos, errores y aciertos con otras mujeres que también quieren crecer puede ahorrarte años de frustración y darte acceso a oportunidades que jamás habrías descubierto sola.

Lo más interesante es que no necesitás conocer a mujeres millonarias para empezar. Podés formar tu círculo con amigas, colegas, compañeras de estudio o incluso mujeres que conozcas en eventos, en redes sociales o en cursos. Lo importante es que todas estén dispuestas a aprender, a crecer y a compartir sin juicio. Pueden reunirse una vez al mes, por ejemplo, para hablar de metas financieras, revisar sus avances, estudiar juntas algún tema de interés o simplemente darse apoyo cuando alguna esté pasando por un momento difícil. Esa energía colectiva es potente y te mantiene enfocada.

Muchas veces, las mujeres nos acostumbramos a ser las solucionadoras de los problemas de todos menos los nuestros. En un círculo de mujeres ricas, se rompe ese patrón. Acá, cada una es responsable de su camino, pero sabe que cuenta con el respaldo de otras que entienden lo que significa esforzarse, caerse y volver a intentarlo. Es un espacio de honestidad, pero también de ambición compartida. No hay vergüenza por querer ganar más, invertir mejor o salir de deudas. Al contrario, se celebra.

Además, este tipo de comunidad te sirve para romper con muchas creencias limitantes que tal vez arrastrás sin darte cuenta. Por ejemplo, la idea de que hablar de dinero es de mal gusto, o que si te va bien otras se van a sentir incómodas, o que el éxito tiene que venir acompañado de sacrificio extremo. Cuando escuchás a otras mujeres hablar con libertad sobre estos temas, te das permiso a vos misma para hacer lo mismo. Y eso te libera.

Otra ventaja concreta es que un círculo así te abre puertas. Tal vez una de las mujeres conoce una oportunidad laboral que encaja con vos. Tal vez otra quiere lanzar un proyecto y necesita una socia. Tal vez una tercera ya resolvió algo que a vos te está costando, y te puede mostrar el camino. Las redes de apoyo no solo son emocionales, también son estratégicas. Cuanto más fuerte y más variada sea tu red, más posibilidades tenés de crecer.

Y si en este momento sentís que no tenés cerca a ninguna mujer que piense así, no te preocupes. Podés empezar sola y atraerlas. Unite a grupos en línea, participá en talleres, escribí en foros, empezá a seguir cuentas que hablen de finanzas para mujeres, sumate a espacios de formación. Cuando vos te alineás con esta energía de crecimiento, empezás a encontrarte con otras mujeres que están en la misma sintonía. A veces una simple conversación puede ser el inicio de una conexión profunda.

También es importante cuidar la energía del grupo. Un círculo de mujeres ricas no es un club para quejarse. Es un espacio para crecer. Está bien compartir dificultades, pero siempre con la intención de buscar soluciones, no de quedarse estancadas. La regla es: hablamos de problemas, sí, pero siempre buscando cómo resolverlos. Celebramos los logros, aprendemos de los errores y nos empujamos unas a otras a dar lo mejor. No es terapia, aunque a veces se sienta como tal. Es una alianza de mujeres que se toman en serio su poder financiero.

Algunas mujeres me dicen que no quieren compartir su situación económica por vergüenza. Y es entendible. Nos han enseñado a esconder los errores, a aparentar, a no hablar de dinero como si fuera algo sucio. Pero cuanto más lo ocultamos, más difícil se vuelve sanarlo. Por eso, en un círculo sano, no hay juicio. Solo hay espacio para avanzar. Y si te da miedo exponerte, podés empezar de a poco. Compartí una meta, una duda, una idea. No hace falta contar todo, solo dar el primer paso.

Al final, lo que te quiero transmitir es que el camino hacia la libertad financiera no tiene por qué ser solitario. Y no debería serlo. Las mujeres, por naturaleza, somos sociales, colaborativas, intuitivas. Tenemos una capacidad enorme para crear redes sólidas. Usemos ese poder también en las finanzas. Formar un círculo de mujeres ricas no solo te ayuda a crecer en lo económico, también te transforma como persona. Te da claridad, te da fuerza y te recuerda que no estás sola. Porque cuando una mujer crece, todas crecemos con ella. Y si caminamos juntas, no hay techo que no podamos romper.

Tu Legado Financiero

Pensar en el legado financiero puede sonar lejano, incluso innecesario si todavía estás tratando de poner tus finanzas en orden o de construir tu primer fondo de ahorro. Pero te aseguro que es una de las decisiones más poderosas y transformadoras que podés tomar. Porque el legado no tiene que ver solo con lo que dejás cuando ya no estés, sino con lo que estás construyendo hoy para que tu vida tenga un impacto duradero. Tu legado financiero comienza en el momento en que decidís que vas a hacer algo significativo con tu dinero. Y no me refiero a que tengas que tener millones, sino a que entiendas que cada decisión económica que tomás hoy es una semilla que puede crecer y dar frutos por generaciones.

Muchas mujeres crecen creyendo que su papel es solo cuidar, sostener o sobrevivir. Pero una mujer también puede ser generadora de riqueza, impulsora de cambios, líder de una nueva historia en su familia. El legado financiero empieza cuando cambiás esa narrativa y decidís escribir una nueva. Quizá vos venís de una familia donde hablar de dinero era tabú, donde siempre hubo carencias, donde nadie te enseñó a ahorrar, invertir o planear el futuro. Y sin embargo, vos podés ser el punto de quiebre. Vos podés ser la mujer que transforma la historia. Y ese es el verdadero legado: romper ciclos de escasez para abrir caminos de abundancia.

Construir un legado financiero implica muchas cosas, pero se resume en una idea clara: tu dinero tiene un propósito más allá de vos. Cada peso que ahorrás, cada decisión que tomás, cada hábito que adoptás, puede ser la base para una vida más estable, no solo para vos, sino para tus hijos, tus nietos, tus sobrinos, incluso tu comunidad. Si pensás en grande, tu influencia puede ir mucho más allá de tu familia directa. Porque cuando una mujer se educa financieramente y empieza a generar riqueza, inevitablemente inspira a otras a hacer lo mismo. Y esa cadena de inspiración es parte de tu legado.

Una de las formas más directas de construir legado es con la educación financiera. Si tenés hijas o hijos, enseñales desde pequeños sobre el valor del dinero, cómo administrarlo, cómo ahorrar, cómo tomar decisiones inteligentes. No se trata de darles una fortuna, sino de darles herramientas. Si tus hijos crecen sabiendo que el dinero no es un tema vergonzoso ni complicado, que pueden usarlo como una herramienta para vivir con libertad y propósito, ya estás dejando un regalo inmenso. El conocimiento que les das hoy puede salvarlos de muchos errores y les dará confianza para tomar el control de sus vidas.

Otro pilar del legado es la planificación. Muchas personas evitan hablar de testamentos, seguros, fondos para emergencias o inversiones a largo plazo porque piensan que eso es para los ricos. Pero no es así. No necesitás tener mucho para planificar con inteligencia. Un testamento claro, por ejemplo, puede evitarle muchos problemas legales y emocionales a tu familia. Un seguro de vida bien elegido puede ser la diferencia entre dejar una carga o una oportunidad. Pensar en tu jubilación hoy, aunque estés lejos de esa etapa, es una forma de respetarte a vos misma y a quienes te rodean. Porque cuando una mujer se cuida, también cuida a los suyos.

El legado también está en las decisiones cotidianas. En el ejemplo que das cuando elegís no endeudarte innecesariamente, cuando optás por comprar con conciencia, cuando emprendés, cuando invertís, cuando hablás con otras mujeres sobre dinero sin culpa ni miedo. Cada una de esas acciones tiene un efecto. Y ese efecto se multiplica. Si tu sobrina te ve leer un libro de finanzas, si tu amiga te escucha contar cómo organizaste tu presupuesto, si tus hijos te ven ahorrar para un objetivo, estás sembrando. Tal vez vos no veas todos los frutos, pero eso es precisamente el legado: dejar algo que crezca incluso cuando ya no estés para verlo.

Una parte muy poderosa del legado financiero es también decidir qué causas querés apoyar. Quizá quieras donar una parte de tus ingresos a una fundación, apoyar a emprendedoras locales, o crear un fondo para ayudar a mujeres en situaciones difíciles. No importa la escala, importa la intención. Cuando tu dinero empieza a tener un impacto positivo en la vida de otros, se convierte en algo mucho más grande que números en una cuenta. Se convierte en una herramienta de transformación.

Y no tenés que esperar a ser mayor para pensar en esto. El legado se construye desde ahora, con las decisiones que tomás todos los días. Al aprender sobre finanzas, al poner orden en tus cuentas, al fijarte metas, al hablar de dinero con naturalidad, estás creando una base firme. No importa si empezás desde cero. Lo importante es empezar. Porque cada paso suma. Cada avance, por pequeño que sea, es parte de la historia que vas a dejar.

También quiero que sepas que tu legado financiero no tiene que parecerse al de nadie más. No hace falta que sea espectacular o digno de salir en una revista. Puede ser silencioso, constante y profundamente significativo. Puede ser criar hijos con educación financiera, puede ser pagar tu casa y dejarla libre de deudas, puede ser haber logrado tu independencia y mostrarle a otras que también pueden lograrlo. Tu legado es tuyo. Es tu marca en el mundo.

En resumen, pensar en tu legado financiero no es una cuestión de edad ni de riqueza. Es una decisión de conciencia. Es entender que tus decisiones económicas tienen poder, que pueden mejorar tu vida y la de otros, que pueden cambiar historias enteras. Y lo más hermoso es que está en tus manos. Vos tenés la capacidad de elegir qué historia querés dejar. Y si estás leyendo esto, es porque ya empezaste a construir una. Que sea fuerte, libre, generosa y profundamente tuya. Esa es la huella más poderosa que podés dejar.

www.ingramcontent.com/pod-product-compliance
Lightning Source LLC
La Vergne TN
LVHW060255051026
849517LV00003B/819

* 9 7 9 8 2 3 1 4 5 5 8 7 4 *